Pablo Perel

Capacitación e independencia judicial. Modelos de juez

Pablo Perel

Capacitación e independencia judicial. Modelos de juez

Dictus Publishing

Imprint
Any brand names and product names mentioned in this book are subject to trademark, brand or patent protection and are trademarks or registered trademarks of their respective holders. The use of brand names, product names, common names, trade names, product descriptions etc. even without a particular marking in this work is in no way to be construed to mean that such names may be regarded as unrestricted in respect of trademark and brand protection legislation and could thus be used by anyone.

Cover image: www.ingimage.com

Publisher:
Dictus Publishing
is a trademark of
Dodo Books Indian Ocean Ltd., member of the OmniScriptum S.R.L Publishing group
str. A.Russo 15, of. 61, Chisinau-2068, Republic of Moldova Europe
Printed at: see last page
ISBN: 978-3-8473-8768-8

Capacitación e independencia judicial. Modelos de juez

I. INTRODUCCIÓN. NOTAS ACERCA DE LA CAPACITACIÓN JUDICIAL[1]

En el marco del Estado de Derecho puede sostenerse que la existencia de un Poder Judicial eficiente depende, en líneas generales, de la idoneidad de quienes desempeñan sus tareas en cada ámbito de intervención. Es por ello que la capacitación de magistrados, funcionarios y empleados administrativos contribuye con uno de los principios mentores de la democracia moderna, a saber, la independencia del Poder Judicial. En este sentido, reforzar la capacitación de sus integrantes se convierte en un eje principal para lograr operadores plenos que puedan ejercer su función sin ataduras.

Siendo este principio un pilar de las exigencias y las competencias de la judicatura, es deber del Estado, y específicamente de los máximos tribunales de justicia, garantizar y proveer los mecanismos necesarios que aseguren el acceso de los magistrados, funcionarios y empleados judiciales a una adecuada capacitación basada en la discusión de temas y contenidos en un formato de diálogo y debate plural.

Ese fundamento, a su vez, está apoyado y abreva en teorías, principios y conclusiones provisionales que las ciencias sociales y jurídicas aportan y que permiten explicar y analizar de manera crítica distintos fenómenos. Por lo tanto, complejizar la formación de quienes trabajan allí podrá redundar, sin duda, en la mejora de la administración de justicia.

---

[1] Este trabajo contó con la valiosa e indispensable colaboración de un equipo interdisciplinario. Agradezco los aportes de Pablo Glanc, Jimena Habib, Gonzalo Semeria y Federico Di Bernardi.

Para lograr una capacitación de calidad es necesario no insistir con experiencias ajenas a las particularidades del desarrollo cotidiano de la actividad judicial; por el contrario, es imperioso diseñar un plan vinculado a la especificidad de la tarea y la responsabilidad de los integrantes del Poder Judicial, y partir de las necesidades y problemáticas propias de la gestión que les permita desarrollar estrategias para interactuar adecuadamente frente a realidades sociales y operativas cambiantes.

Desde el ámbito de la filosofía jurídica, se propondrá, en la primera parte de este trabajo, trazar algunas líneas en torno al papel del derecho frente a los denominados "nuevos intereses sociales".

II. ANTECEDENTES

La capacitación de los integrantes del Poder Judicial y del Ministerio Público, ya sea éste federal o local, se halla prevista en todas las estructuras que hacen a su funcionamiento y a sus caracteres orgánicos, lo cual se debe tanto a la actualización constante sobre la normativa vigente, como a la necesidad de brindar soluciones a nuevos conflictos sociales que emergen día a día. En este marco, no es de extrañar que la continua formación de los magistrados, funcionarios y empleados judiciales se considere como un bastión fundamental para el cumplimiento de sus funciones.

Anteriormente, la capacitación de los integrantes del Poder Judicial y del Ministerio Público se encontraba absorbida por una oferta de cursos relacionados con la legislación vigente y sus recientes reformas. En la actualidad, han tomado lugar distintas temáticas que buscan no solo reforzar y actualizar la formación jurídica de los operadores, sino coadyuvar en la gestión y en el desarrollo de las funciones a su cargo.

Es así como se ha hecho hincapié en distintas asignaturas que tengan como propósito fomentar la crítica y el movimiento de obsoletas costumbres internas para dar lugar a nuevas formas de ejercicio en la magistratura, tanto en lo que hace a la relación con las partes, como así también dentro de cada una de las dependencias. Todo ello en pos de una gestión más ágil que tienda a acelerar y prestar eficiencia a la administración de justicia en una sociedad democrática.

III. CAPACITACIÓN Y EFICIENCIA

Como se sabe la Constitución Nacional establece una importante diferencia entre los Poderes Legislativo y Ejecutivo, y el Poder Judicial: a este último se le exige que sus miembros posean una instrucción de grado determinada; en otras palabras, se exige que para acceder a un cargo de magistrado se detente el título de abogado. Aunque esta es una condición necesaria pero en estos tiempos no suficiente. Existe una extensa bibliografía especializada y legal; nacional e internacional que contempla la necesidad de promover la capacitación y formación de los agentes del Estado.

En este sentido, ya sea como incentivo para el acceso a promociones o por las funciones y competencias propias del cargo de los magistrados, funcionarios y empleados, el andamiaje administrativo y educativo del sistema judicial realiza ingentes esfuerzos para optimizar los recursos en cuanto a la formación, la distribución y la asignación funcional de cargos. Se contempla el desarrollo de aspectos, técnicas y estrategias con el fin de mejorar la performance de los operadores del Poder Judicial. De esta manera es que se logra contar con mayores herramientas para dar solución a los conflictos sociales, lo que genera una mayor eficiencia en las funciones y, como contracara, un mejor servicio a la comunidad.

En el mismo orden de ideas es que, desde los distintos órganos jurisdiccionales, se ha puesto en funcionamiento agencias de control de gestión, cuyos objetivos primarios son la calidad y eficiencia en el desempeño judicial. De este modo se efectúa un trabajo articulado desde aristas contrapuestas y complementarias, que culminan en una mayor precisión al momento de desarrollar las funciones, y en una estructura judicial más sólida y dinámica.

Para profundizar estas iniciativas tendientes a la eficiencia en la función pública es necesaria la continua capacitación sobre problemáticas propias del servicio de administración de justicia que tiendan a que los jueces, defensores públicos y fiscales desarrollen acabadamente las funciones para las cuales fueron investidos.

IV. **EFICIENCIA E INDEPENDENCIA.**

En este orden de ideas, la eficaz respuesta del Poder Judicial hacia a las problemáticas actuales de la sociedad generan el consenso y el respaldo que toda institución democrática requiere para su normal funcionamiento, adquiriendo altos niveles de legitimidad. Y es precisamente esta fortaleza la que le permite erigirse como un pilar independiente de toda injerencia externa; específicamente, de los demás órganos de poder democrático y del poder económico o político partidario.

Así, todos los errores y negligencias, a la vez que toda visión y respuesta anacrónica que no contemple los vertiginosos movimientos de la sociedad dejan permeable un Poder Judicial y un Ministerio Público, en el menor de los casos, a las críticas por parte de agentes externos que, lejos de contribuir al *afianzamiento de la justicia*, llevan en su seno su disminución de capacidades funcionales.

En el mismo sentido, las falibilidades de la Justicia acarrean desconfianza en la ciudadanía y la desviación de la focalización desde las problemáticas planteadas hacia la estructura judicial, conlleva a cambios y modificaciones estéticas que, sin mayor estudio y debate, buscan emparchar coyunturas desde un ángulo ajeno a la estructura judicial. El legítimo control por parte de los distintos poderes políticos del Estado se confunde con reformas que no encuentran asidero en las necesidades intrínsecas del Poder Judicial, prestándose a una mayor injerencia. En este sentido, Victor Abramovich ha manifestado que

> "Una norma constitucional como la configurada a partir de la última enmienda de 1994, acota considerablemente los márgenes de discrecionalidad de los poderes políticos, y

extiende las materias constitucionales y por consiguiente las áreas de control de la justicia constitucional. Este modelo constitucional demanda por ello de los jueces un grado mayor de responsabilidad en la fundamentación y argumentación de sus decisiones, pues el sistema político en su conjunto asume la tensión de no reemplazar arbitrio político por arbitrio judicial"[2]

No se trata de evitar que los magistrados se encuentren exentos de pertenencia ideológica o tendencia partidaria -ello sería exigir el cese de sus derechos como ciudadanos activos-, la diferencia radica, como sostiene en sendas ocasiones Zaffaroni, cuando el acceso o la misma permanencia en el cargo del magistrado se basa ya no en su idoneidad, sino en esta pertenencia político-partidaria. Son este tipo de vinculaciones las que deterioran la imagen de independencia de la institución judicial.

Por su parte, es dable, también, señalar la necesidad de capacitación dentro de la misma estructura judicial de los magistrados de primeras instancias, a los efectos de obtener mayores elementos que les permitan, en el seno de la misma institución, sostener la independencia de grado que por ley detentan, pero que, en ocasiones, puede verse atravesada por la intervención de los Tribunales superiores. En este sentido, la eficiencia en sus funciones será un elemento indispensable para que las resoluciones judiciales de primeras instancias y la dirección de los procedimientos no sean

---

[2] Abramovich, Victor (2009), "El rol de la Justicia en la articulación de políticas y derechos sociales", Abramovich Victor, Pautassi, Laura (comps.) *La revisión judicial de las políticas sociales. Estudio de casos*, Buenos Aires, Ed. Del Puerto.

objeto de amplias intervenciones como consecuencia de los recursos judiciales.

V. INCENTIVOS PARA PROMOVER LA CAPACITACIÓN DE LOS INTEGRANTES DEL PODER JUDICIAL.

Se ha señalado que la capacitación de los integrantes del Poder Judicial y Ministerio Público, ya sea éste federal o local, se halla prevista en todas las estructuras que hacen a sus funcionamientos y a sus caracteres orgánicos, a la vez que se encuentra arraigada en nuestras costumbres. Nos proponemos aquí desarrollar un pormenorizado análisis respecto de los incentivos que llevan a continuar abordando cursos de capacitación, aún con posterioridad a la finalización de los estudios de grado y luego de ser investido de un cargo público.

Es de observar que el mayor grado de responsabilidad en la toma de decisión para aquellos que no son abogados se encontraría previsto en el artículo 118 de la Ley Fundamental, en el que se refiere al Juicio por Jurados; sin embargo, tal institución sólo se encontraba prevista para "los crímenes" –entendiéndolos tales como delitos graves-, más allá de que, como todos sabemos, en la actualidad el Juicio por Jurados no se encuentra previsto en nuestra legislación, salvo alguna excepción (el Poder Judicial de la Provincia de Córdoba).

Por lo visto, la Constitución establece una obligación adicional a los miembros del Poder Judicial: la necesidad de un nivel de educación superior y su especialidad.

En este marco, no es de extrañar que la continua capacitación de los magistrados, funcionarios y empleados del Poder Judicial y del Ministerio Público se considere como un bastión fundamental para el cumplimiento de los deberes que, en ocasión de sus funciones, éstos deben desarrollar. Los órganos provinciales que estructuran los distintos poderes judiciales y los ministerios públicos locales tienen generalmente previsto que, tanto para acceder a un cargo como así también para obtener una promoción, los cursos de capacitación que se hubieran presenciado tendrán una importancia autónoma en el respectivo concurso. Sin embargo, tal vez está es ésta la única causa que lleva a los magistrados a asistir a los cursos de capacitación. Así lo demuestran algunos estudios recientes que dan cuenta de la escasa concurrencia de jueces a las actividades de formación continua.

VI. DISTINTOS REGLAMENTOS LOCALES.

En este sentido, cabe señalar que, tal como acontece en el Poder Judicial de la Nación (fueros federal y nacional), las distintas provincias establecen que en el sistema de acceso a cargos públicos jerárquicos como así también las promociones y ascensos, estarán contemplados los cursos de capacitación que se hubieran tomado.

La Provincia de Córdoba, en el Acuerdo Reglamentario Número Quinientos Sesenta y Tres - Serie "A" del Tribunal Superior de Justicia, establece que, en relación a la capacitación, "[s]e procurará que el Consejo de la Magistratura otorgue particular valor a dicho antecedente". Asimismo, en la Provincia del Chaco, la Reglamentación Pertinente de la Ley N° 4885/01 Relacionada con los Concursos de Antecedentes y Oposición para Magistrados y Funcionarios Judiciales afirma en su art. 3° que "[e]l CONSEJO DE LA MAGISTRATURA, evaluará los antecedentes teniendo en cuenta: (...) d) Dictado de cursos o conferencias, concurrencias a cursos, conferencias y congresos en los que hubiere participado, y tengan relación con el cargo a cubrir". Concordantemente, en la organización de la Escuela de Capacitación Judicial de la Provincia de Chubut se establece que "[l]a participación de los agentes del Poder Judicial de Chubut en actividades de capacitación organizadas por la Escuela de Capacitación Judicial, quedará asentada en un registro personal que se creará al efecto. La información de ese registro se incorporará al legajo personal a fin de cada año judicial. 2. Todos los integrantes del Poder Judicial recibirán a fin del año judicial una certificación de las horas y tipo de capacitación que han realizado. La ECJ entregará certificaciones parciales a aquellos que así lo requieran para acreditar antecedentes"; en el mismo orden de ideas, el art. 2 inc. 3º del Reglamento Anual de Concursos de Antecedentes y Oposición y de Evaluación de Ingresantes al Poder Judicial, en lo que respecta a los Antecedentes Científicos, Técnicos y Profesionales, reza: "a) Estudios Cursados. Se consignarán todos aquellos que el interesado puede comprobar por la pertinente certificación".

Por otro lado, en forma similar, el Reglamento del Centro Único de Capacitación para Magistrados, Funcionarios y Empleados del Poder Judicial de Santiago del Estero establece en su art. 18° que es derecho de los asistentes a cursos de capacitación, "[o]btener, en su caso, el certificado o diploma respectivo". En Formosa, el Reglamento del Consejo de la Magistratura afirma en su art. 16 que "todo postulante al poder judicial debe presentar: (...) j) Estudios cursados, otros títulos universitarios de grado, de post-grado o doctorado. Otros estudios cursados que guarden relación con el cargo al que se aspira. En todos los casos deberán ser documentadamente acreditados"; y en La Rioja, es también el Reglamento Interno del Consejo de la Magistratura el cual, en su art 31º, dispone que "[l]a evaluación de los inscriptos comprenderá dos etapas: la de antecedentes laborales-profesionales y científico-académicos y la del coloquio".

Tal como se observa, una importante muestra de lo que establecen las distintas organizaciones provinciales da cuenta de la homogénea concepción que sobre la capacitación se tiene. Así, todos los reglamentos aludidos consideran que la capacitación de los integrantes del Poder Judicial y del Ministerio Público será tenida en cuenta en los concursos para acceder a cargos de magistratura y para obtener un ascenso. Resta aún analizar si el mentado estímulo puede ser considerado como suficiente o, por el contrario, deviene escaso a la luz de las funciones que los magistrados y funcionarios están llevados a cumplir.

La Provincia de Río Negro, por otro lado, propone una solución radicalmente diferente. En el entendimiento de que la capacitación judicial no es una opción de estudio por parte de los magistrados, y habida cuenta del ministerio que les ha sido confiado a todos los integrantes del Poder Judicial, el Superior Tribunal de Justicia de la mencionada provincia ha establecido mediante la Acordada 12/2005 que la capacitación sistemática y continua de los magistrados hace a la dignidad de las funciones que deben cumplir, decretando así la obligatoriedad de la capacitación judicial de los magistrados, funcionarios y empleados del Poder Judicial. De esta manera, la capacitación representa un requisito insoslayable para garantizar una meritoria administración de justicia. En Río Negro, la capacitación judicial se encontrará a cargo de la Escuela de Capacitación Judicial, la cual dependerá directamente del Superior Tribunal de Justicia provincial.

Por otro lado, y en cuanto a las diversas valoraciones que ha realizado la doctrina al respecto, cabe señalarse que en ocasión de celebrarse el XI Congreso Nacional e Internacional de Capacitación Judicial, realizado en Resistencia, Chaco, del 27 al 29 de septiembre de 2007, Pablo Repetto - Miembro del Comité Directivo de la Escuela de Capacitación Judicial de Río Negro- planteó que "entendemos que las recompensas o beneficios podrían ser plasmadas de dos modos distintos, aunque no únicos, en forma de incentivos en dinero (las que desarrollaremos) o en atribución de tiempo para la formación, o en una combinación de ambos", para agregar acto seguido que "creemos imprescindible se creen incentivos pecuniarios vinculados a la acreditación de estudios realizados en áreas afines a la función judicial del capacitando, que podrían traducirse- por ejemplo - en un plus o porcentaje sobre el sueldo", como así también sostuvo el otorgamiento de becas o becas parciales para estudios de post grado.

VII. DISTINTOS REGLAMENTOS INTERNACIONALES.

a. Los sistemas en América del Sur:

En la misma línea que la hasta aquí expuesta se han organizado distintos Estados de América del Sur. En este sentido, la Ley Nº 1376/98 de la República del Paraguay, que crea la escuela judicial y regula su funcionamiento, decreta en su art. 2º que "[s]erá elemento de valoración a favor de los postulantes a cargos o a promociones en la Magistratura, el Ministerio Público o la Defensa Pública, los que hubiesen participado en cursos de la Escuela Judicial y hubiesen obtenido buenas calificaciones. Dicho elemento de valoración no se aplicará a los postulantes a Ministros de la Corte Suprema de Justicia, miembros del Tribunal Superior de Justicia Electoral, Fiscal General del Estado y Defensor General".

En la República Oriental del Uruguay, según lo dispuesto por la acordada de la Suprema Corte de Justicia del 9 de setiembre de 1996, es el Centro de Estudios Judiciales del Uruguay quien tiene a su cargo "[c]apacitar a los aspirantes al ingreso a la carrera judicial a efectos de suplir las carencias de la formación universitaria para el ejercicio de las destrezas y técnicas necesarias al efecto del ejercicio de la función jurisdiccional en los cargos de inicio [e] incidir en la formación profesional de los jueces en actividad en las áreas que requieren actualización de conocimientos".

En el caso de Honduras, la Ley de Carrera Judicial, reglamentada en 1987, establece la creación de la Escuela Judicial, la cual tiene la finalidad de capacitar en forma especializada a los funcionarios y empleados por un lado, y a los aspirantes por el otro. El director de la Escuela Judicial es designado por la Corte Suprema de Justicia.

En el mismo marco legal se establece también la creación del Consejo de la Carrera Judicial, al cual se le atribuye la potestad discrecional de exigir como requisito para ingresar a la Carrera Judicial, como también para ascender en el escalafón, la prosecución de cursos de capacitación y su aprobación.

En forma similar a Paraguay, la República de Chile ha sancionado con fecha 18 de noviembre de 1994 la Ley nro. 19.346, la cual da creación a la Academia Judicial y la establece como una corporación de derecho público, con personalidad jurídica y patrimonio propios. La misma se encuentra sometida al control de supervigilancia de la Corte Suprema, y tiene como finalidad tanto la formación de postulantes al escalafón primario del Poder Judicial, como así también el perfeccionamiento de todos sus integrantes.

El Programa de Formación de la Academia se ofrece sin cargo y provee a quienes atiendan los cursos de todos aquellos materiales que se requieran.

Los abogados que no forman parte del Poder Judicial gozan de una Beca de Estudios mensual por el lapso de duración del programa; por otro lado, aquellos que pertenecen al Poder Judicial tienen lo que se denomina "comisión de servicio", y pueden optar entre dicha Beca o una remuneración equivalente.

La Ley Orgánica de la Escuela Judicial de la República de Costa Rica regula la capacitación judicial en el mencionado Estado. Allí, la misma depende de la Escuela Judicial, la cual es un órgano perteneciente al Poder Judicial y dependiente del Consejo de la Judicatura. La misma se encuentra a cargo de la formación, capacitación e investigación integral y especializada de los servidores judiciales y de las personas que aspiren a ingresar al Poder Judicial, a la vez que proporciona las directrices de todas las políticas de formación de todos los sectores del Poder Judicial.

En Colombia, la Escuela Judicial es el órgano responsable de la formación y capacitación de jueces y empleados de la denominada Rama Judicial y de las personas que aspiran a ingresar a la misma. Dicho organismo entiende por formación todo aquello referente a los valores, estructuras de pensamiento y principios que deben reunir los aspirantes a ejercer cargos de magistrado; por su parte, en cuanto a la capacitación, deviene de suma importancia la profundización y actualización en las materias de competencia de los respectivos despachos.

En el caso de Panamá, es la misma Constitución Nacional la que prevé, en sus artículos 198 al 228, que el nombramiento de jueces y del personal de Poder Judicial se determinará "de acuerdo a las normas de la carrera judicial". Si bien no es excluyente haber participado de los programas que la Escuela dicta para acceder a cargos de magistrado, lo cierto es que los cursos que ella dicta permiten acumular méritos para ingresar a la Carrera Judicial, al igual que cursos, conferencias o seminarios dictados por otras asociaciones.

Los cursos de la Escuela Judicial de Panamá se orientan a todo el personal del Poder Judicial, del Ministerio Público Fiscal, como así también a aquellos aspirantes a ingresar a la Carrera Judicial.

En 1999 se sancionó en Guatemala la Ley de Carrera Judicial, que asigna al Consejo de la Carrera Judicial la evaluación de los jueces, la cual se constituye en la práctica en un requisito para confirmar a los magistrados en sus puestos, y revisar sus actuaciones. Últimamente se ha vinculado la selección de los jueces con los procesos y sistemas de capacitación, lo cual es considerado un avance en el régimen de selección de magistrados. Empero, los cursos ofrecidos solamente tienen como destinatarios aquellos que detenten el cargo de juez.

La República Bolivariana de Venezuela ha otorgado a la capacitación judicial un lugar de absoluta relevancia en la administración de justicia; allí, el Reglamento Orgánico de la Escuela Nacional de la Magistratura establece en su art. 47 que "[l]a formación permanente es un derecho de todos los jueces o juezas, funcionarios o funcionarias, empleados o empleadas y trabajadores o trabajadoras al servicio del Poder Judicial, en virtud de ello, se deberá establecer un determinado número de días que resulten suficientes para asistir a actividades de actualización, régimen que se regulará por la normativa dictada a tal efecto". De esta manera, en una avanzada hacia la proporción de un calificado servicio hacia la comunidad para la que deben servir, se recepta la formación profesional como un derecho a los efectos de ejercer correctamente la labor debida, consecuencia directa del rol institucional que ocupan.

En forma similar, la República Dominicana ha creado, mediante la Ley de Carrera Judicial del 11 de agosto de 1998, la Escuela Nacional de Judicatura de la República Dominicana, a la cual le ha atribuido la función de contribuir a la creación de un sistema eficiente de administración de justicia, pronta y respetuosa de los derechos de los ciudadanos, mediante la satisfacción de las necesidades de formación y capacitación de los miembros del Poder Judicial y de quienes aspiren a ingresar en él. La misma es presidida por un Juez de la Suprema Corte de Justicia.

Como puede observarse, la República Dominicana interpreta la capacitación judicial no como un plus merituable dentro de los antecedentes de los magistrados, sino como una necesidad que hace a una eficaz administración de justicia, entendiendo como condición para arribar a dicha eficacia la formación actualizada y profundizada de los integrantes del Poder Judicial. En otro orden de ideas, se destaca que, en concordancia con la mayoría de los Estados de América del Sur, los cursos se destinan también a quienes pretenden ingresar al Poder Judicial, existiendo en este caso dos programas especializados: el Programa de Formación para Postulantes y el Programa de Formación del Recién Designado.

b. Los sistemas en Europa.

En gran parte de Europa, es generalizado el carácter voluntario de la formación continua de jueces y magistrados, salvo en algunos países del Este (Estonia, Moldavia, Hungría y Rumania) donde es obligatoria.

En Portugal y en algunos Länder de la República Federal de Alemania, los jueces que acaban de acceder a la carrera judicial deben seguir una formación complementaria en sus primeros años de vida profesional. En Francia, país que cuenta con la mayor tradición en esta materia, la participación en las actividades formativas es voluntaria. Sin embargo, en sus comienzos se instauró la obligación de que los magistrados recién salidos de la Escuela Nacional de la Magistratura siguieran dos semanas de formación continua al año durante los ocho años que siguen a su nombramiento. Para el resto de los magistrados la formación tenía carácter facultativo.

En cuanto a la participación en los cursos, la Escuela Nacional de la Magistratura francesa acoge cada año cerca de 3.500 magistrados (es decir, aproximadamente el sesenta por ciento del cuerpo judicial) en al menos una actividad de formación continua. En Italia, la participación en actividades formativas ronda el cincuenta por ciento de la carrera, mientras que en España, en el año 2004, fue del sesenta por ciento de la carrera judicial.

El caso español resulta interesante por estar discutiéndose actualmente la reglamentación de la formación. El sistema de formación continua de jueces y magistrados nace como tal en 1990, presentando hasta la actualidad las siguientes características: la formación es voluntaria, ajena a la promoción profesional, al régimen de ascensos o a la provisión de destinos; irrelevante para la valoración del desempeño y no exigible en la Carrera Judicial en el sentido de que producido el ingreso en la misma no se vuelven a constatar los conocimientos de los jueces y magistrados. En general, no se conocen proyectos individuales de formación. Los cursos son anuales, sin que por regla general haya actividades que se prolonguen más allá de un solo curso y posibiliten perfeccionamientos superiores, y abiertos, en el sentido de que no se exigen requisitos específicos para asistir a los mismos.

El Consejo General del Poder Judicial en 1997 ha puesto ya de manifiesto en el Libro Blanco de la Justicia la ineficiencia y agotamiento de dicho sistema de formación; reflejo de esta preocupación es la reforma que introduce la Ley Orgánica 19/2003, de 23 de diciembre, al incluir en la Ley Orgánica del Poder Judicial el nuevo título V (De la Formación continua de los jueces y magistrados), en el libro IV (De los jueces y magistrados), dedicado a la formación continua de los jueces y magistrados, con un solo artículo, el 433 bis, que menciona lo siguiente:

"1. El Consejo General del Poder Judicial garantizará que todos los Jueces y Magistrados reciban una formación continuada, individualizada, especializada y de alta calidad durante toda su carrera profesional. (...) 3. Cada miembro de la Carrera Judicial contará con un Plan Especializado en Formación Continuada mediante el cual se programarán de forma individualizada, en períodos de cinco años, los objetivos formativos, garantizándose la plena adaptación a las innovaciones jurídicas con incidencia en el ejercicio de sus funciones jurisdiccionales. El cumplimiento de los objetivos del Plan Especializado de Formación de cada uno de los jueces y magistrados será evaluado por el Consejo General del Poder Judicial en la forma reglamentariamente establecida, a efectos de ascensos y promoción profesional".

El artículo citado señala cuáles han de ser las líneas maestras de la formación permanente de jueces y magistrados, introduciendo importantes novedades que exigen una modificación legislativa en la propia Ley Orgánica del Poder Judicial además del correspondiente desarrollo reglamentario. Dentro de las propuestas que están siendo tenidas en cuenta para la reglamentación e implementación de esta ley puede mencionarse la previsión de supuestos excepcionales de formación obligatorios, como así también la función de evaluar el cumplimiento de los objetivos del Plan Especializado de Formación de cada uno de los jueces y magistrados, a efectos de ascensos y promoción profesional.

En otro orden de ideas, el Pacto de Estado para la Reforma de la Justicia, en el apartado 7.°, dedicado a las retribuciones, establece –entre otros extremos– que "se replanteará el diseño del sistema retributivo, articulando un modelo incentivador, que garantice la independencia económica, y fomente la formación, el rendimiento y la asunción de mayores responsabilidades"

Régimen de retribuciones de los miembros de la carrera judicial y fiscal y funcionarios de la administración de justicia.

Tal y como indica la ley española 15/2003 que regula el régimen retributivo de las carreras judicial y fiscal, los operadores cuentan con un sistema de retribución compuesto por una retribución fija (que remunera la categoría y antigüedad, así como las características objetivas del puesto que ocupa) y una retribución variable por objetivos (que en ningún caso son consolidables y remuneran, conforme a determinados criterios establecidos reglamentariamente, el rendimiento individual de los jueces y magistrados en el desempeño de sus funciones jurisdiccionales y profesionales). Se prevén además unas retribuciones especiales cuando se desarrollen determinados servicios especificados en la Ley (las correspondientes al desempeño de servicios de guardia, las derivadas de la prestación de servicios extraordinarios sin relevación de funciones jurisdiccionales, las correspondientes a las sustituciones que impliquen el desempeño conjunto de otra función).

Las retribuciones fijas, a su vez están compuestas por:

1. Retribuciones básicas: sueldo y antigüedad.

2. Retribuciones complementarias: Complemento de destino y complemento específico. Son aquellas que retribuyen las características de los puestos de trabajo, la carrera profesional o el desempeño, rendimiento o resultados alcanzados por el funcionario.)

Asimismo, los magistrados tendrán derecho a percibir dos pagos extraordinarios al año, por importe cada una de ellas igual a una mensualidad de sueldo y antigüedad reconocidos.

Las retribuciones variables por objetivos dependen del rendimiento individual acreditado por cada magistrado en el desempeño de sus funciones jurisdiccionales y profesionales.

VIII. IMPORTANCIA DE LA CAPACITACIÓN JUDICIAL.

Es dable destacar en este apartado que deviene trascendental el enfoque que la ley venezolana efectúa respecto del tema en estudio. Lejos de considerar a la capacitación como un excedente, un plus al momento de la presentación en un concurso, la actividad de formación de magistrados y funcionarios se constituye en la regla que debe regir entre los integrantes del Poder Judicial y del Ministerio Público, al ser vistos como un derecho de quien los recibe. Tal concepción parece ser sumamente acertada; habida cuenta de la función que los magistrados y funcionarios tienen en relación a los habitantes del Estado donde cumplen sus funciones. La constante capacitación y actualización deberían ser una obligación impuesta. No debemos olvidar que el tema de la formación no es algo que afecte sólo a los jueces y magistrados sino que su nivel de capacitación profesional constituye un interés público de primera magnitud al que el Estado y la sociedad no pueden ser ajenos.

En la misma línea, el Consejo Consultivo de Jueces Europeos, en su Dictamen N.° 4 (2003), sobre la formación inicial y continua de los jueces, a nivel nacional y europeo, señala : “la formación continua es indispensable, por la evolución del Derecho, de las técnicas y de los conocimientos requeridos para el ejercicio de las funciones judiciales”, continúa señalando que, independientemente de los conocimientos de base que deban adquirir antes de ejercer su función, los jueces están “condenados a perpetuidad a estudiar y a aprender”.

De esta forma lo entienden también, a modo de ejemplo, la Provincia de Córdoba, en el Acuerdo Reglamentario Número Quinientos Sesenta y Tres - Serie "A", los ministros del Tribunal Superior de Justicia acordaron que “todos los integrantes del Poder Judicial, desde los miembros del Tribunal Superior de Justicia hasta el agente del primer peldaño de la carrera jurisdiccional o administrativa, deben actualizar constantemente sus conocimientos, adquirir nuevas destrezas, técnicas y habilidades, y adaptarse al constante cambio tecnológico". Y posteriormente agrega: "Así como la idoneidad es un requisito esencial para el acceso al cargo, la falta de idoneidad, que puede configurarse con el desconocimiento del derecho o el mal desempeño, encuadra en una causal de destitución".

Por otro lado, cabe señalar que el Presidente de la Corte Suprema de Justicia de la Nación se ha expresado al respecto, afirmando que "la capacitación dirigida a magistrados, funcionarios, y empleados debe incrementar el saber y habilidades requeridas en el ejercicio de las funciones jurisdiccionales"[3].

En este sentido, no debemos olvidar que los integrantes del Poder Judicial y del Ministerio Público son los insumos fundamentales sobre los cuales se sostiene una correcta administración de justicia.

IX. REFLEXIONES PROVISORIAS SOBRE LA CUESTIÓN:

La constante capacitación de los integrantes del Poder Judicial y del Ministerio Público hace a un adecuado servicio de administración de justicia. Deviene necesario, comos se sostuvo, que aquellos encargados del cumplimiento de funciones de una de las estructuras orgánicas del Estado se encuentren en continuo perfeccionamiento, detentando todas aquellas herramientas

[3] Ricardo Luis Lorenzetti, Políticas de Estado para el Poder Judicial, agosto 2007, citado por Pablo Repetto en su ponencia en el XI Congreso Nacional e Internacional de Capacitación Judicial, realizado en Resistencia, Chaco, del 27 al 29 de septiembre de 2007.

indispensables para desarrollar su labor de forma íntegra. Y en este tipo de funciones, el conocimiento especializado y actualizado se convierte en el más preciado recurso.

Como hemos visto, la Constitución solamente pone de resalto, entre todas aquellas posibles, una profesión universitaria: la abogacía; en este sentido, la expresa como un requisito necesario para detentar el cargo de magistrado. Es por ello que el conocimiento específico de los encargados de administrar justicia, lejos de ser una cuestión menor, deviene un principio constitucional que debe orientar la estructura judicial en su totalidad.

Aún así, y más allá de los estudios de grado requeridos, lo cierto es que la figura de un magistrado no puede limitarse en la carrera de abogacía: es necesaria también la continua capacitación sobre problemáticas propias del servicio de administración de justicia que tiendan a que los jueces, defensores públicos y fiscales desarrollen acabadamente las funciones para las cuales fueron investidos.

Las consideraciones efectuadas por los Máximos Tribunal es de Justicia de las Provincias de Córdoba y Río Negro son sumamente acertadas: jueces y fiscales de todas las instancias requieren, para el efectivo cumplimiento de su labor, de capacitación constante. Tales consideraciones son concordantes con lo establecido por la República de Costa Rica, donde la Escuela Judicial interviene de forma vinculante en la selección de magistrados; el Reino de España y la

República de Chile, que cuentan con cursos obligatorios para ingresar a la judicatura.

Esta situación es conteste con lo referido tanto por el Consejo Europeo como así también por el Presidente de nuestro Máximo Tribunal.

Se ha resaltado que la mayoría de las organizaciones provinciales valoran positivamente el haber presenciado cursos de capacitación al momento de seleccionar los integrantes del Poder Judicial y del Ministerio Público. Pero si bien esta consideración deviene importante, lo cierto es que aquellos magistrados que no tengan aspiraciones de ascender, o que se encuentren en una posición tal en la cual, para acceder a un cargo más alto no se requiera concurso público, no encontrarán incentivo alguno para tomar los cursos de capacitación. De esta manera, los estratos más altos del Poder Judicial y del Ministerio Público, aquellos que detentan mayores responsabilidades de grado, no tendrán ningún tipo de incentivo. Reiterando lo antedicho, tampoco se interesarán en los cursos aquellos que no tengan aspiraciones; es decir, justamente los magistrados que demostraran más fatiga, tendrán menos incentivo.

Entendiendo que la capacitación en el Poder Judicial y en el Ministerio Público resulta necesaria para un servicio de administración de justicia acorde con la especialidad que la Constitución Nacional exige; valorando el capital intelectual que dicha labor requiere, y teniendo en cuenta el esfuerzo de los organizadores y capacitadores para llevar a cabo diversas actividades, es que sostenemos la necesidad de contar con una capacitación continua y obligatoria para los integrantes de la magistratura.

El Preámbulo de nuestra Constitución enuncia como principio el de afianzar la justicia, para lo cual no se vislumbra recurso más preciado que el conocimiento humano, tanto en lo que se refiere a las ramas específicas del derecho sobre las cuales se ejerce, como así también sobre cuestiones prácticas de la judicatura; a la vez, se torna necesaria la profundización de aquellas ramas que, por su característica interdisciplinaria, atraviesan los preceptos de todas aquellas especialidades del derecho, como pueden serlo el derecho constitucional, la filosofía jurídica y esencialmente los derechos humanos.

Por ello y para ello es necesaria una amplia gama de oferta de cursos de capacitación destinados a los integrantes del Poder Judicial y del Ministerio Público, como así también que se incluya dentro de las tareas ordinarias del magistrado, la presencia en cierta cantidad de cursos por año, relacionados con la materia a la cual se dedica. Es necesario aclarar que se debe evitar que el sistema de formación y capacitación adquiera un carácter burocrático y puramente formal, de manera que la formación que se proponga debe resultar atractiva para los jueces. En esta línea se podría proponer un sistema de formación individualizado y participativo de los propios jueces, tal como pretende implantar el sistema español, garantizando así la realización de la capacitación y su aprovechamiento por cada uno de los jueces y magistrados.

El incremento salarial a un funcionario público, por el buen desempeño en sus funciones, parece ser entonces un exceso. No deberían otorgarse premios como consecuencia de capacitarse, sino que la misma es parte de las funciones por las cuales se ha jurado al aceptar el cargo que se ostenta. De lo contrario, se estaría ante un sistema de premios y castigos que se asemeja a una empresa privada con fines de lucro, y no tanto a las responsabilidades de un funcionario público.

X. LA EXPERIENCIA DEL INSTITUTO DE ESTUDIOS JUDICIALES DE LA SUPREMA CORTE DE JUSTICIA DE LA PROVINCIA DE BUENOS AIRES

El funcionamiento del Instituto de Estudios Judiciales se basa en una estructura curricular de gran flexibilidad en donde los seminarios para jueces, funcionarios y empleados del Poder Judicial y operadores jurídicos tienden a lograr la participación e interacción de los cursantes y docentes.

La currícula fue seleccionada de acuerdo a una estrategia de profundización y actualización de los estudios jurídicos de grado que imponen los permanentes cambios legales, socioeconómicos y culturales.

Entre otros fines, se aspira a que el asistente se encuentre en condiciones de asumir posiciones críticas perfeccionando la comprensión de los derechos humanos con énfasis en la especial responsabilidad inherente a la función judicial.

Se trata de una propuesta de formación continua en temáticas que se consideran prioritarias para la formación permanente, tanto conceptual como práctica, de los operadores de justicia y, al mismo tiempo, para analizar la función de la Justicia y su lugar en una sociedad democrática.

En esta línea, se desarrollan programas de formación integral, en función de acuerdos con otras dependencias de la Suprema Corte de Justicia y convenios con organizaciones nacionales e internacionales:

Entre los temas abordados sobresalen los siguientes:

- Los empleados judiciales y las prácticas en la Justicia
- Capacitación en herramientas informáticas de gestión
- Programa de formación para Peritos
- Programa de formación para la Justicia de Paz
- La Justicia va a Escuela y Educación en Derechos Humanos y Administración de Justicia
- Grupos vulnerables e igualdad de derechos
- Justicia y Derechos Humanos

- Derechos de la Infancia y la Adolescencia
- Formación en violencia familiar
- Salud Mental y Derechos Humanos
- Programa de Formación sobre Perspectiva de Género
- Programa de Formación sobre Trata de Personas
- Programa de Educación a distancia
- Doctrina legal de la Suprema Corte.

Programas de capacitación concretos.

En esta línea, y en función de los objetivos estratégicos planteados se continuarán desarrollando programas de formación que concentren en una propuesta integral de mayor duración contenidos abordados en actividades previas desarrolladas de manera autónoma y diferenciada, en función de acuerdos y convenios con organizaciones nacionales e internacionales. Se prevé desarrollar los siguientes programas:

□ Los empleados judiciales y las prácticas en la Justicia (desarrollado junto con la Asociación Judicial Bonaerense)

- Capacitación en herramientas informáticas de gestión (desarrollado junto con la Subsecretaría de Tecnología Informática).

- Programa de formación y actualización en las ramas del Derecho (desarrollado junto con universidades nacionales, colegios de abogados y colegios de magistrados).

- Programa de formación para Peritos (desarrollado junto con la Dirección General de Asesorías Periciales).

- Programa de formación para la Justicia de Paz (desarrollado junto con la Dirección de la Justicia de Paz Letrada)

- Formación en violencia familiar (desarrollado junto con el Fondo de Población de las Naciones Unidas – UNFPA).

- Derechos de la Infancia y la Adolescencia (desarrollado junto con UNICEF y la Maestría en Problemáticas Infanto-Juveniles de la Facultad de Derecho de la Universidad de Buenos Aires).

- La Justicia va a Escuela y Educación en Derechos Humanos y Administración de Justicia (desarrollado junto con la Facultad de Derecho y Ciencias Jurídicas de la Universidad Nacional de La Plata).

- Grupos vulnerables e igualdad de derechos (desarrollado junto con el Programa "Universidad y Discapacidad" de la Facultad de Derecho de la Universidad de Buenos Aires).

- Justicia y Derechos Humanos (desarrollado junto con el Instituto de Derechos Humanos de la Facultad de Derecho y Ciencias Jurídicas de la Universidad Nacional de La Plata).

- Salud Mental y Derechos Humanos (desarrollado con el auspicio de la Organización Panamericana de la Salud).

- Programa de Formación sobre Perspectiva de Género (desarrollado junto con la Corte Suprema de Justicia de la Nación).

- Programa de Formación sobre Trata de Personas (desarrollado junto con la Corte Suprema de Justicia de la Nación y el Ministerio Público Fiscal).

- Programa de Formación en el marco del Convenio con la Federación Argentina de Municipios

- Programa de Educación a distancia (desarrollado junto con el Consejo de la Magistratura de la Provincia de Buenos Aires).

Las temáticas seleccionadas son consideradas prioritarias para la formación permanente, tanto conceptual como práctica, de los operadores judiciales y la contribución a la creación de la conciencia y responsabilidad ciudadana respecto de la Justicia, su lugar y función en una sociedad democrática y el reconocimiento de la igualdad en el acceso a la justicia.

A continuación, se presenta un resumen de los programas a desarrollarse.

El agente judicial frente a las prácticas en la Justicia

El Programa de Capacitación para trabajadores judiciales, desarrollado junto con la Asociación Judicial Bonaerense, apunta a contribuir a que los empleados del Poder Judicial de la Provincia de Buenos Aires conozcan la estructura, organización y funcionamiento de este Poder y acercarlos a las normas procesales y reglamentarias que regulan su labor diaria.

Se plantea como objetivos principales ofrecer a los participantes los conocimientos necesarios sobre la reglamentación que rige el desempeño de los miembros que componen el Poder Judicial Provincial, como así también las relaciones laborales que los vinculan; brindarles las herramientas necesarias para un adecuado desempeño en la Mesa de Entradas, y proporcionarles los conocimientos generales sobre el proceso judicial, el expediente judicial, sus funciones, partes y la reglamentación que rige su manejo.

Asimismo, se realizan periódicamente jornadas, cursos y conferencias, de menor carga horaria, para complementar la formación de los trabajadores judiciales. Estas actividades abordan con mayor especificidad diferentes temáticas vinculadas a la práctica cotidiana de los empleados en los distintos fueros y las dependencias de la Suprema Corte de Justicia.

Herramientas informáticas de gestión

El Programa de Capacitación en Herramientas Informáticas de Gestión del Instituto de Estudios Judiciales apunta a desarrollar habilidades y destrezas en el uso de las herramientas básicas de los programas de computación requeridos en el desempeño cotidiano de los operadores de justicia. A saber: planillas de cálculo, procesadores de texto, Internet y correo electrónico, entorno operativo Windows XP SP2 y el sistema de gestión integral Augusta.

Se espera que los participantes sean capaces de manejar las operaciones básicas de una computadora, reconocer el ambiente de Windows y las herramientas de Office Word y Excel, así como navegar en la Internet y administrar correctamente el correo electrónico, así como gestionar el alta y la búsqueda de una causa en el sistema de gestión integral Augusta.

Este Programa es desarrollado junto con la Subsecretaría de Información de la Suprema Corte de Justicia de la Provincia de Buenos Aires y la Asociación Judicial Bonaerense.

Programa de formación y actualización en las ramas del Derecho

El Programa de Formación y Actualización en las Ramas del Derecho está orientado a brindar información integral y sistemática de las ramas del Derecho, desarrollando las diferentes reformas normativas, doctrinales y jurisprudenciales.

Derecho Civil y Derecho Penal

Las actividades vinculadas a esta rama tienen como objetivo actualizar los conocimientos procesales y sustantivos aplicables a distintos procesos de orden civil y penal.

Derecho Ambiental

Los cursos que abordan esta temática apuntan a brindar conocimientos sobre los conceptos y principios, los criterios jurisprudenciales y las principales leyes que rigen la conservación y uso del medio ambiente, así como a sensibilizar sobre la trascendencia de la protección del ambiente.

Derecho Laboral

Las actividades relacionadas a esta rama tienen como objetivo desarrollar conocimientos y brindar información sobre temas recientes relacionados con la jurisdicción laboral, los cuales incluyen, entre otros, los principios procesales, la jurisprudencia nacional e internacional aplicable, el sistema legislativo y los tipos de conflictos laborales que puedan presentarse durante o finalizada la relación laboral.

Derecho administrativo

Los cursos que abordan esta temática tienen por objeto conocer y analizar aspectos que presentan particularidades relevantes en esta materia, dar información sobre las distintas áreas claves del Derecho Administrativo y profundizar los conocimientos de este campo del conocimiento jurídico. Se fomenta el diálogo doctrinario y la discusión de temas bajo la modalidad de seminario.

Programa de Formación para Peritos

El Programa de Capacitación para Peritos apunta, por un lado, a cumplimentar con lo establecido por el Acuerdo 2728/96 sobre el curso de capacitación en Práctica Procesal destinado a los aspirantes a ingresar al régimen de designaciones de oficios de profesionales auxiliares de la justicia. En este sentido, se lleva adelante la coordinación de los cursos de capacitación dictados por los

Colegios/Consejos Profesionales de la Provincia de Buenos Aires, en los períodos marzo/junio y agosto/noviembre, y la gestión de las fechas, sedes, veedores judiciales y pago a docentes para la toma del examen final de los cursos, que habilita a los participantes a ser peritos del Poder Judicial de la Provincia de Buenos Aires.

Por el otro, el Programa apunta a contribuir a la actualización en la formación de los peritos que se desempeñan en el ámbito del Poder Judicial, para lo cual se desarrollan diversos cursos junto con la Dirección General de Asesorías Periciales de la provincia de Buenos Aires.

Violencia Familiar

El Programa de Capacitación en Violencia Familiar del Instituto de Estudios Judiciales parte de la necesidad de una adecuada formación de los operadores del sistema de justicia desde un enfoque de género y derechos humanos, como una pieza indispensable para modificar las prácticas que naturalizan y perpetúan la violencia familiar, y evitar la victimización secundaria e institucional.

Se pretende brindar a quienes participen del programa, herramientas conceptuales y enfoques teóricos vinculados a la violencia familiar que les permitan transformar y/o reflexionar sobre sus prácticas institucionales.

Los contenidos teóricos abordados durante el desarrollo del programa se encuentran integrados en tres ejes conceptuales:

- La problemática de la violencia familiar desde un enfoque de derechos humanos y equidad de género
- Marco normativo y mapa de situación de la violencia familiar
- El tratamiento institucional de la violencia familiar

La metodología utilizada para el abordaje de los contenidos es el trabajo en talleres, que busca estimular la interacción entre los/las participantes y un pensamiento crítico y creativo que propicie la resolución innovadora de problemas. En este marco, una de las estrategias más relevantes es el empleo de casos de estudio para su análisis, que posibiliten el desarrollo de un enfoque situacional.

Derechos de la Infancia y la Adolescencia

El Programa Derechos de la Infancia y la Adolescencia parte de la necesidad de formar a los operadores del sistema judicial de la Provincia de Buenos Aires con un enfoque teórico-práctico que facilite la resolución adecuada de los casos que ingresan a la jurisdicción, acompañando la primera etapa de transición hacia la implementación de la nueva ley de infancia de la Provincia, leyes 13298 y 13634, y sus decretos reglamentarios y resoluciones, y facilitando un espacio de conocimiento, debate y análisis crítico sobre los aportes y dificultades de la nueva institucionalidad en materia de infancia y adolescencia.

Asimismo, se apunta al intercambio de experiencias sobre buenas prácticas en justicia penal juvenil e investigación sobre la situación de los niños, niñas y adolescentes privados de libertad y se aborda la aplicación de la Convención sobre los Derechos del Niño.

El Programa se desarrolla en el marco del convenio firmado entre la Suprema Corte de Justicia de la Provincia de Buenos Aires y UNICEF. En algunas de las actividades se trabaja junto con la Dirección General de Asesoría Pericial de la Suprema Corte, la Asociación Judicial Bonaerense, el Instituto de Derechos el Niño de la Facultad de Ciencias Jurídicas y Sociales de la Universidad Nacional de La Plata y la Secretaría de Derechos Humanos.

Grupos vulnerables e igualdad de derechos

El Programa de Formación “Grupos vulnerables e igualdad de derechos”, desarrollado junto con el Programa “Universidad y Discapacidad” de la Facultad de Derecho de la Universidad de Buenos Aires, tiene como objetivo principal difundir y debatir desde una perspectiva interdisciplinaria, algunos problemas actuales relacionados al reconocimiento de la igualdad de derechos de los grupos vulnerables, especialmente de las personas con discapacidad.

Desde un enfoque sociológico y jurídico de la discapacidad, y mediante la articulación entre instituciones vinculadas directamente con la problemática y grupos involucrados, el Programa se propone integrar saberes y prácticas problematizándolas en instancias compartidas. A partir del abordaje de la discapacidad y la accesibilidad en el marco de políticas de equiparación de oportunidades, se identifican y presentan los principales desafíos para el logro de la plena accesibilidad en ámbitos públicos desde una perspectiva de accesibilidad integral.

En el marco del Programa, se desarrolla el curso "Lengua de Señas", realizado junto con la Asociación de Sordomudos de la ciudad de La Plata.

Salud Mental y Derechos Humanos

El Programa de Formación en Salud Mental y Derechos Humanos se propone desarrollar espacios de encuentro que potencien esfuerzos intersectoriales vinculados a una agenda de integración que favorezca el desarrollo institucional del cambio de paradigma vinculado con los derechos humanos en salud mental.

Mediante articulación entre Universidades, efectores de políticas públicas en Salud y Justicia, Organizaciones No Gubernamentales y usuarios se propone integrar saberes y prácticas problematizándolas en instancias compartidas, favorecer desarrollos de prácticas inclusivas dentro de las instituciones de salud y justicia y en la comunidad y cambios en prácticas colectivas que incluyan los derechos de las personas con discapacidad, así como promover la conciencia comunitaria para proyectos de transformación institucional.

Los contenidos abordados en el marco del programa se dividen en 5 ejes:

- El enfoque de derechos humanos: fundamentos y especificidades.
- Desarrollo de protocolos de actuación conjunto entre justicia, salud y los usuarios
- La cuestión de los derechos en la accesibilidad frente a la justicia y salud.
- Prácticas institucionales de inclusión social

- Protección y defensa de los derechos de grupos en situación de vulnerabilidad, y en particular el caso de los niños/as y adolescentes.

Justicia y Derechos Humanos

El Programa de Formación en Justicia y Derechos Humanos, desarrollado junto con el Instituto de Derechos Humanos de la Facultad de Ciencias Jurídicas y Sociales de la Universidad Nacional de La Plata, tiene como objetivo principal alentar espacios de reflexión jurídica en perspectiva de derechos humanos en el ejercicio de la función judicial y promover la observancia y aplicación de estándares internacionales de protección de derechos básicos.

La Justicia va a la Escuela

Con el objetivo de acercar a los estudiantes del nivel secundario a la problemática del sistema judicial, los derechos reconocidos en la Constitución y los encargados administrar justicia, el Instituto de Estudios Judiciales desarrolla el Programa La Justicia va a la Escuela, un plan de visitas de jueces y representantes de la justicia a las escuelas secundarias de la provincia para dialogar con los estudiantes sobre el funcionamiento del Sistema Judicial y la protección de derechos fundamentales.

La Justicia va a la escuela pretende hacer conocer cómo está estructurado el Poder Judicial, quiénes lo conforman, qué temas se tratan en la Justicia, en qué consiste el trabajo de los jueces, qué hacen y quiénes son.

La metodología utilizada se basa en el trabajo de casos hipotéticos, la simulación de un juicio y el debate sobre la resolución del caso, el trabajo del juez, el funcionamiento del Sistema Judicial y el tratamiento que realizan los medios masivos de comunicación del trabajo de la Justicia.

Es decir, el Programa propone un diálogo, un intercambio permanente entre los destinatarios: los alumnos del nivel Secundario de la Provincia de Buenos Aires; y los expositores: los encargados de impartir justicia y de articular con el Poder Judicial (jueces y funcionarios). El motivo de este encuentro se centra en la problemática del Sistema Judicial, desde la visión de la sociedad y en relación a ella.

Educación en Derechos Humanos y Administración de Justicia

La propuesta formativa del Programa Educación en Derechos Humanos y Administración de Justicia se inspira en una positiva experiencia alcanzada por el Instituto de Estudios Judiciales y el Instituto de Derechos Humanos de la Facultad de Ciencias Jurídicas y Sociales de la Universidad Nacional de La Plata en distintos establecimientos educativos de la ciudad de La Plata y otras localidades bonaerenses, en el marco del Programa La Justicia va a la Escuela.

El Programa tiene por objeto llevar adelante un ciclo de talleres destinados a estudiantes de colegios secundarios de la ciudad de La Plata a fin de contribuir a una mayor y más adecuada difusión de los derechos humanos y las garantías fundamentales de niños, niñas, y adolescentes y generar espacios de reflexión en torno al valor de la administración de justicia en la Provincia de Buenos Aires, destacando su relevancia en una sociedad democrática.

Programa de Formación sobre Perspectiva de Género

En el marco del convenio firmado entre la Suprema Corte de la Provincia de Buenos Aires y la Corte Suprema de Justicia de la Nación, el Instituto de Estudios Judiciales desarrolla el Programa de Formación Para una Justicia con Perspectiva de Género, que apunta a hacer efectivo el avance hacia la igual¬dad entre mujeres y varones, respaldado por los numerosos compromisos firmados por el Estado argentino, en especial, por los artículos 8c de la Convención Interamericana para prevenir, sancionar y erradicar la violencia contra la mujer ("Belém do Pará") y el artículo 2c. de la Convención sobre la eliminación de todas las formas de discriminación contra la Mujer (CEDAW),

Durante los talleres se apunta a construir una herramienta que permita a los diferentes actores del sistema de Justicia hacer esta necesaria reflexión conjunta, para desterrar en toda práctica y/o relación cualquier sesgo patriarcal que reproduzca la desigualdad y la naturalización del flagelo.

Programa de Formación sobre Trata de personas con fines de explotación sexual

Como profundización del Programa sobre Perspectiva de Género en la Justicia, el Instituto de Estudios Judiciales desarrolla - junto con la Oficina de la Mujer de la Corte Suprema de Justicia de la Nación y la Unidad Fiscal de Asistencia en Secuestros Extorsivos y

Trata de Personas (UFASE) del Ministerio Público Fiscal- el Programa de Formación sobre Trata de Personas con fines de explotación sexual, que apunta seguir profundizando la reflexión sobre la situación de desigualdad y vulnerabilidad en que se encuentran muchas mujeres como consecuencia de la violencia de género.

En esta línea, se busca impulsar un proceso de comprensión del flagelo de la trata de personas con fines de explotación sexual, y elaborar estrategias para proporcionar, desde la Justicia y desde los otros sectores vinculados a la temática, una respuesta ajustada a las convenciones y compromisos internacionales suscriptos por nuestro país.

Programa de formación en el marco del convenio con la Federación Argentina de Municipios

En el marco del Convenio entre la Suprema Corte de Justicia y la Procuración General con la Federación Argentina de Municipios, firmado en mayo del año 2010, el Instituto de Estudios Judiciales desarrolla actividades de capacitación y divulgación en conocimientos y recursos sobre la violencia familiar y de género, destinadas particularmente a magistrados, funcionarios e integrantes de las oficinas municipales de atención de casos de violencia familiar y otros profesionales y agentes que trabajan en contacto con esta problemática.

Estas actividades apuntan especialmente a contribuir a la toma generalizada de conciencia sobre los derechos de las mujeres y a la aplicación de los estándares internacionales de derechos humanos en la materia, fortaleciendo las capacidades de gestión relacionadas con la promoción y protección de sus derechos.

Programa de Educación a distancia

El Instituto de Estudios Judiciales tiene a su cargo el desarrollo de cursos de capacitación bajo la modalidad a distancia, como parte de las actividades de la Escuela Judicial del Consejo de la Magistratura (Ley 13553), en el marco del Programa de Capacitación para aspirantes a jueces e integrantes del Ministerio Público, cuyo objetivo es profundizar la formación y capacitación de futuros jueces e integrantes del ministerio público en el ejercicio de sus tareas.

Otras actividades

Además de las actividades de capacitación integradas en los programas de formación descriptos anteriormente, el Instituto de Estudios Judiciales desarrolla periódicamente jornadas, cursos y conferencias, de menor carga horaria, para complementar la formación de los operadores de justicia, a los que se invita a estudiantes universitarios y agentes de otros organismos vinculados en la temática.

Entre otras, estas actividades abordan las siguientes temáticas:

- Herramientas para la resolución de los conflictos públicos o privados
- Jurisprudencia de la Suprema Corte de Justicia de la Provincia de Buenos Aires
- Planeamiento y control de gestión
- Métodos estadísticos
- Comunicación y dinámica de grupos
- Herramientas de producción de textos informativos y argumentativos
- Estrategias de intervención contra la tortura
- Criminalística
- Metodologías de investigación cuanti y cualitativa
- Bioética y Derecho. Teorías éticas

- Derechos reproductivos
- Planeamiento y gestión de proyectos sociales
- Contralor de condiciones de detención como política judicial

XI. A QUIENES CAPACITAR. SUPRESIÓN DE TÍTULOS Y HONORES PARA MAGISTRADOS. EL CASO DEL PODER JUDICIAL DE LA PROVINCIA DE BUENOS AIRES.

El respeto por la dignidad humana y la preocupación internacional en la protección y en el efectivo cumplimiento de los derechos humanos han sido, desde la segunda mitad del siglo XX, la piedra angular sobre la cual los Estados han debido cimentar sus políticas públicas y sus ordenamientos jurídicos. Se trató, de esta manera, de poner coto a todo tipo de abuso que pudiera conllevar cualquier diferenciación nominal y fáctica entre los seres humanos, ungiendo como principio fundamental la igualdad de todas las personas, con su contracara, la no discriminación.

En este orden de ideas, el principio de igualdad ante la ley se encuentra expresamente establecido en el artículo 1° de la Declaración Americana de los Derechos y Deberes del Hombre, artículos 1° y 2° de la Declaración Universal de Derechos Humanos, artículo 24 de la Convención Interamericana Derechos Humanos, artículo 26 del Pacto internacional de Derechos Civiles y Políticos, y en el Preámbulo de la Carta de las Naciones Unidas.

Por su parte, en lo que respecta a la legislación nacional, se halla presente en el artículo 16 Constitución Nacional, y a nivel provincial, en el artículo 11 de la Constitución de la Provincia de Buenos Aires.

Así, tales objetivos han sido establecidos como el núcleo central del rumbo de la comunidad internacional, promoviendo, desde distintas ópticas, la igualdad entre todos y todas. Sin embargo, resta aún camino por transitar, camino que constituye la tarea y el deber de todos los que ejercemos diferentes funciones estatales.

En este marco, la aplicación y el uso de títulos y honores especiales para los magistrados del Poder Judicial de la Provincia de Buenos Aires, establecido en legislación propia de criterios autoritarios, es contraria a la supresión de diferencias en grados de ciudadanía, a la vez que atenta contra los principios básicos de igualdad, quienes no deberían verse enaltecidos por la función estadual que ocasionalmente cumplen.

En la actualidad puede observarse cómo la práctica cotidiana de determinados usos no hacen más que mitificar a las figuras de los magistrados y elevarlos a una categoría superior a quien se remite a ellos; así, la obligación de referirse con deferencia desmedida no hace más que acentuar una relación desigual de poder y poner énfasis en la sujeción del remitente al remitido. En este acto se crean, establecen, reafirman y reproducen relaciones de poder y dominación que atentan contra una voluntad de servicio público y cumplimiento de un deber por el que los magistrados y funcionarios juramos cumplimentar.

Específicamente, la necesidad de referirse a determinados magistrados empleando términos tales como <<Vuestra Excelencia>>, <<Excelentísimo Señor Juez>> o <<Vuestra Señoría >> da cuenta de una reverente ceremonia que atenta contra la dignidad de quien tiene la obligación de solicitar los servicios públicos de su receptor.

En este sentido, los valores de igualdad y respeto defendidos por la democracia, deben ser la base cultural empleada para erradicar estos supuestos mencionados. Por otro lado, es menester tener presente que debe evitarse todo tipo de práctica o costumbre que, más allá de la igualdad nominal ante la ley, lleve a que en la práctica se sustancien y se sostengan distintos grados y niveles de ciudadanía.

Así lo ha establecido en 1996 la Ciudad Autónoma de Buenos Aires, que en el artículo primero de su Constitución afirma que "[s]e suprimen en los actos y documentos oficiales los títulos honoríficos de los funcionarios y cuerpos colegiados".

Es que la reafirmación y reproducción de tales tratos de excesiva cortesía, internalizados mediante la costumbre -la obligación- por parte de los ciudadanos, constituyen un tipo de agresión, denominada violencia simbólica, cuyos efectos perdurables representan un obstáculo frente a las políticas de igualdad.

Tal concepción teórica es conteste con las directrices demarcadas por la Comisión Interamericana de Derechos Humanos, que en forma concordante y como contracara del uso de títulos y honores hacia los funcionarios estatales expresó que "[l]os funcionarios públicos están sujetos a un mayor escrutinio por parte de la sociedad. Las leyes que penalizan la expresión ofensiva dirigida a funcionarios públicos generalmente conocidas como 'leyes de desacato' atentan contra la libertad de expresión y el derecho a la información".

De esta manera queda también señalada la contradicción entre los usos de tales títulos y la libre expresión, que no puede verse supeditada ni restringida por una costumbre de arraigos anacrónicos.

Modificación de las formas de cortesía con la que deben tratarse a los miembros del Poder Judicial

El uso de títulos y honores referenciales hacia magistrados representa una arraigada costumbre en la práctica judicial que lleva en su seno la reafirmación y reproducción de una desigualdad material entre las personas, y acarrea dos niveles de ciudadanía, lo que se opone a la construcción de una cultura democrática constituida por personas libres e iguales, objetivo primero del Estado Argentino.

Su aplicación es una forma más de ejercicio de violencia simbólica, justamente por parte de quienes tienen la obligación de servir a la sociedad, por la posición que ocupan en la toma de decisiones respecto de las políticas públicas.

En el ámbito nacional, luego del retorno a la democracia, el primer mandatario Alfonsín suprimió la utilización de la fórmula "Excelentísimo Presidente de la Nación" que se utilizaba hasta entonces.

De acuerdo con el Decreto 300/06, dado en La Plata el 24 de febrero de 2006, el Poder Ejecutivo Provincial deroga la normativa sancionada en 1977 al establecer una modificación de las formas usuales de cortesía con la que deben tratarse a los miembros del Poder Judicial.

Así, acorde con los principios de un Estado Democrático de Derecho, en el año 2006 se indica que la función (Presidente, Gobernador, Ministro, Presidente del Senado de la Nación, Embajador, Intendente, Juez, etc.) debe ser mencionada sólo anteponiendo la palabra "señor".

Dado que la situación bajo estudio trata acerca de una costumbre instaurada en la sociedad, pero sobre todo sumamente arraigada entre los integrantes del Poder Judicial, deviene necesaria la prohibición de su uso en todas las instancias del organigrama de la administración de justicia provincial.

XII. OTROS CAMBIOS NECESARIOS. EL CASO DE LA POSTERGADA LICENCIA POR PATERNIDAD Y LA COMPLEJA SITUACIÓN DE LA MUJER FRENTE A LA CAPACITACIÓN[4].

Este apartado tiene como objetivo poner de resalto el deber constitucional y la imperiosa necesidad de contar en todos los estamentos privados y en todos los poderes públicos del Estado con una licencia por paternidad que reconozca de igual manera tanto el derecho de los/as niños/as a gozar del cuidado y el afecto de sus dos progenitores (en caso de que los hubiese) en sus primeros días de vida, como así también el derecho de estos últimos a estar con sus hijos/as.

Es necesario dejar de resalto que la normativa actual cuenta con una licencia para todas las madres que den a luz, resultado de la reivindicación de los derechos de las mujeres, a la vez

[4]Este apartado retoma los aspectos centrales del indispensable informe elaborado por el equipo del Instituto de Derechos Humanos de la Facultad de Ciencias Jurídicas de la Universidad Nacional de La Plata.

que de los derechos de los niños/as. Empero, nuestro régimen ha dejado de lado la necesidad de los/as más chicos/as de compartir estos momentos, también, con sus padres, a la vez que ha relegado a éstos de los primeros momentos de la crianza. Esta decisión, que, como veremos, cercena los derechos de los/as involucrados/as, tiene como único basamento una estructura social en base a estereotipos de género que reproducen una violencia simbólica y una discriminación ilegítima dirigida, especialmente, hacia las mujeres, pero que tiene como receptores/as a todas las personas de la sociedad.

En primer lugar, se analizarán las estructuras sociales de género y la construcción de un modelo sexista de la sociedad, en lo cual los hombres y las mujeres detentan roles específicos y excluyentes, generando de hecho una situación de vulnerabilidad para las mujeres, y construyendo una sociedad más injusta para todos/as.

En segundo lugar, es menester contrastar este hecho con el régimen jurídico vigente, específicamente con aquellas normas de carácter constitucional.

Así las cosas, debe analizarse la normativa específica que regula el régimen de licencia por maternidad, a los efectos de analizar, a la luz de lo anterior, la vulneración de los derechos de las mujeres, y de los/as niños/as, principalmente.

Finalmente, y a los efectos de contribuir a un sistema jurídico más justo, es que resaltamos la necesidad social de modificar el sistema de licencias por maternidad y paternidad, proponiendo humildemente un sencillo modelo de licencia por paternidad que –al menos hasta el momento de su modificación legislativa a través del Congreso Nacional- bien podría formar parte de la reglamentación interna del Poder Judicial, permitiendo a sus empleados/as gozar de los principios emanados de nuestra Constitución.

A su vez, cabe señalar que, actualmente, la ley solamente otorga licencias hacia aquellas mujeres que tienen un/a hijo/a a través del parto, negando tal derecho a aquellas/os que realicen una adopción. Esta situación también debe revertirse, ya que la mentada licencia no se trata (únicamente) de la recuperación física de la mujer, sino del derecho de padres, madres e hijos/as de construir los lazos fundamentales en los primeros momentos de vida.

I. Igualdad y no discriminación.

El concepto de igualdad es uno de los pilares sobre los cuales se construye nuestro ordenamiento jurídico, como así también el discurso del derecho en general. En este sentido, y aún sin temor de pecar de dogmáticos/as, cabe señalar que el artículo 16 de la Constitución Nacional establece que "[t]odos sus habitantes son iguales ante la ley", y es sobre esta idea que se ha de construir el sistema legal argentino.

Circunscribiéndose al ámbito del presente, es que han de señalarse algunas implicancias del derecho a la igualdad, señalando distintos criterios para su definición.

En una primera instancia, y coincidiendo con un hilo conductor cronológico, es dable recordar los lineamientos de Mariano Moreno en relación a lo que se consagraría como un principio rector: "Moreno hace referencia a una idea de igualdad que construida sobre el rechazo del sometimiento de esclavos por déspotas. Moreno entendía la igualdad como principio opuesto a la opresión y a la imposición de cadenas visibles o invisibles". Así, Moreno comprendía la igualdad de las personas como el derecho a no sufrir opresión alguna, por ningún motivo.

Tal definición del derecho a la igualdad ante la ley, empero, no ha encontrado especial asidero en la doctrina jurídica: por el contrario, ha prevalecido la idea según la cual la igualdad hace referencia a la igualdad formal ante la ley, prescribiendo que ningún precepto podría impedir el goce de los derechos reconocidos, y que, como contrapartida, todos los derechos reconocidos deben serlo para todas las personas, sin ningún tipo de distinción. Fundamentalmente, se trata de una imposibilidad de instaurar diferencias y privilegios sobre las personas.

Sin embargo, se encuentra por demás comprobado que el concepto precedentemente expuesto sobre igualdad, se trata de una mera afirmación dogmática que no guarda ningún tipo de simetría con la realidad social: la sola prohibición para realizar distinciones no logra desvirtuar todas aquellas diferenciaciones que suelen realizarse sobre preceptos y prejuicios en el seno de la sociedad, conspirando contra distintos grupos que se ven relegados, histórica y continuamente. Es que estos privilegios prohibidos por la ley para determinados grupos -necesariamente en desmedro de otros- suelen existir en la construcción social cotidiana, consolidándose, así, diferencias injustificadas.

Frente a tales diferencias, el derecho tiene dos posibilidades: o bien las ignora, so pretexto de subrayar la igualdad ante la ley, afianzando de esta manera las desigualdades que presenta la misma sociedad donde impera, o bien resuelva proporcionar alguna herramienta eficaz para equiparar una situación que se presenta injustificadamente desigual. Es que legitimar la desigualdad bajo el concepto de igualdad es una aporía en sí misma, que solamente una extremada necedad dogmática podría proponer. Es por ello que debe acuñarse un concepto de igualdad que tenga por objeto la búsqueda y consolidación de una equidad real de los/as integrantes de la sociedad.

Este concepto viene dado, entonces, por la necesidad real de evitar todo tipo de diferenciación arbitraria, injustificada, que represente en la sociedad un trato discriminatorio frente a un grupo social determinado. La igualdad no podrá alcanzarse nunca a través de la inacción, sino que merece un trato favorecido para aquellas personas que se ven estructuralmente relegadas de la sociedad. Y el accionar estatal es, justamente, el cambio paradigmático necesario para ello.

En este sentido, cabe señalar que esta idea matriz ha sido plasmada en la Constitución Nacional en la reforma constitucional de 1994: "[e]n el caso de nuestro país, la inclusión constitucional de las acciones afirmativas obliga a conciliar ambas normas, el artículo 16 y el artículo 75, inciso 23 ", entendiendo los derechos constitucionales no de forma aislada, sino como un único sistema de normas.

II. Derechos Humanos.

Como se sabe el genocidio nazi instauró el horror de sus crímenes, dando justificación a su accionar a través del ordenamiento jurídico positivo, como así también de los conceptos criminológicos preexistentes. Posteriormente, y tras un saldo de muertes nunca antes visto en la Humanidad, la comunidad internacional se vio en la necesidad de instaurar un ordenamiento jurídico que impidiera la repetición de los hechos allí perpetrados, y que pudiera, a su vez, prever sanciones para sus ejecutantes. En este sentido, y como recordara una de las víctimas de la Shoa, "Sobre sesenta millones de muertos, se construyó un sistema cuya base fueron los derechos humanos y las garantías ".

Define Barcesat a los derechos humanos como "un conjunto de enunciados lingüísticos- normativos que aspiran a reconocer las necesidades de los seres humanos como tales, en su existencia social ", afirmando a su vez que "un derecho reconocido impone una obligación de resultado", "esa obligación de resultado es exigible" y "[e]l estado (nacional, provincial, municipal) es sujeto obligado a proveer el resultado ".

La igualdad y la no discriminación han sido los pilares de los derechos humanos, puesto que mal puede garantizarse su goce si hay personas que, injustificadamente, se ven privadas de ello. A su vez, de la definición planteada podemos resaltar la íntima relación entre las necesidades fundamentales de las personas y la pertenencia de éstas a una sociedad determinada. De esta manera, la igualdad real en una sociedad hace al cumplimiento de aquello que se presenta como el máximo punto del ordenamiento jurídico: los derechos humanos, y su incumplimiento deriva ni más ni menos en responsabilidad internacional para aquel Estado que permita, o no impida, dicha violación.

III. Género.

La distinción de los seres humanos en concepto de su género ha devenido en una de las más naturalizadas prácticas de nuestra sociedad. Para ello, se ha elaborado una teoría acerca de la(s) definición(es) sobre lo que se considera el "sexo", la "sexualidad" y el "género" (a los efectos del presente trabajo, relegaremos la categoría "sexualidad", actualmente emparentada con las prácticas, el placer y la orientación sexuales).

En este sentido, privilegiado espacio ha logrado la biología, que, a través de la genitalidad, ha dividido a la humanidad en dos sexos: hombre y mujer. A su vez, ha devenido la expresión "género" para definir aquellas conductas y características de la persona, producto de una construcción social. Existen dos géneros hegemónicos en nuestra cultura: masculino y femenino (y el masculino siempre delante). En este sentido, "[e]l género (como norma cultural) es una categoría simbólica. Y como tal tiene fuertes connotaciones morales y es, por lo tanto, culturalmente relativo y potencialmente susceptible de cambios ". Lo llamativo de esta construcción social que suele atribuirse un determinado género a un sexo en particular, razón por la cual, por un lado, se admite, incluso, académicamente, su carácter social, pero a su vez, al imponerse las características de cada uno de los géneros a los sexos, (que ostenta una categoría biológica) lo que se está haciendo es atribuir unas determinadas características (sociales) a un determinado grupo de personas (identificados por un conjunto de caracteres biológicos). Tales definiciones encuentran falencias endogámicas, excluyendo a todas las personas que no se adecuan a tales sexos y géneros , pero a su vez imponen ciertas características a las personas, violentando de esta manera sus individualidades y modos de vida.

Así, entrando en la temática de este apartado, cabe señalar que mediante el resaltado de las diferencias biológicas se han estructurado diferencias sociales en ambos géneros que han servido como fundamento de la sociedad, perpetuando una diferencia social entre hombres y mujeres, en los distintos ámbitos (campus): encontramos diferenciación por motivos de género en ámbito laboral, en el ámbito doméstico, en el ámbito educativo, en todo aquello que respecta al esparcimiento... Esta situación, empero, no ha sido considerada discriminación, habida cuenta de que los justificativos basados en las diferencias biológicas se encargaban de dar un segundo lugar y un segundo plano la característica social del conflicto (social), opacándolo.

Pero lo más significativo es que, de forma estructural y a los efectos de constituir la sociedad occidental moderna, se ha atribuido caracteres sociales a las mujeres que, amén de significar una homogenización de tan diverso universo, representan constantemente un estereotipo de mujer que se sitúa en estratos inferiores a los hombres; en este sentido, se ha relegado a las mujeres de la vida laboral y se ha consolidado una imagen generalizada acerca del presunto deber de quedarse en el hogar, realizando los pormenores domésticos (hasta la misma palabra, “doméstica”, tiene un significado peyorativo, relacionado con la domesticación de animales).

Sobre la violencia de género padecida por los grupos de mujeres no profundizaremos en el presente apartado; lo que sí debemos tener presente, en base a las definiciones precedentemente expuestas, es que la discriminación por motivos de género provoca una desigualdad estructural en la sociedad que, de aceptarse y sostenerse, resultaría una violación a los derechos humanos.

Desde el Estado, desde todos los niveles del Estado, es que deben llevarse a cabo las acciones tendientes para que las diferencias socialmente estructuradas por los sexos (y géneros automáticamente atribuidos) de las personas vayan siendo reducidas, teniendo como norte la igualdad en los géneros.

IV. El derecho al trabajo

El derecho al trabajo es el conjunto de instituciones, normas y principios que rigen las relaciones entre trabajadores/as y empleadores/as, tanto individual como colectivamente. El mismo tiene como fin la denominación y posterior ordenamiento de las relaciones sociales conforme a una determinada idea de justicia social.

IV. a. Principios

El derecho al trabajo comprende una serie de principios entre los cuales, para el tema que tratamos en el presente nos interesan, en particular, los siguientes:

Principio de igualdad de trato: se refiere a la igualdad de trato ante la ley, consagrado en el art. 16 de nuestra Constitución Nacional, e implica que todas las personas se encuentran sometidas a un mismo estatuto jurídico con respecto al ejercicio de sus derechos y cumplimiento de sus deberes.

Principio de no discriminación: está estrechamente vinculado al principio de igualdad, toda vez que él asegura la plena vigencia del principio de la igualdad al excluir o prohibir toda diferenciación, preferencia o exclusión., se refleja en la prohibición al empleador/ra, establecida en la misma LCT, de efectuar un trato desigual entre sus empleados/das por cuestiones de índole subjetivas como ser sexo, raza, religión como así también por cuestiones políticas y/o gremiales."

IV. b. El derecho del trabajo en la Constitución Nacional.

La protección de los/as trabajadores/as y los principios rectores del derecho del trabajo encuentran sustento en la Carta Magna; así, el art. 14 de nuestra constitución establece que "[t]odos los habitantes de la Nación gozan de los siguientes derechos conforme a las leyes que reglamenten su ejercicio; a saber: de trabajar y ejercer toda industria lícita...". Por su parte, el art. 14 bis afirma que "[e]l trabajo en sus diversas formas gozará de la protección de las leyes, las que asegurarán al trabajador: condiciones dignas y equitativas de labor; jornada limitada; descanso y vacaciones pagados; retribución justa; salario mínimo vital móvil; igual remuneración por igual tarea; participación en las ganancias de las empresas, con control de la producción y colaboración en la dirección; protección contra el despido arbitrario; estabilidad del empleado público; organización sindical libre y democrática, reconocida por la simple inscripción en un registro especial; la compensación económica familiar y el acceso a una vivienda digna..."

El art. 75, en cuanto enumera las atribuciones que corresponden al Congreso prescribe: ...inc. 19. "Proveer lo conducente al desarrollo humano, al progreso económico con justicia social, a la productividad de la economía nacional, a la generación de empleo, a la formación profesional de los trabajadores, a la defensa del valor de la moneda, a la investigación y al desarrollo científico y tecnológico, su difusión y aprovechamiento..." "...23. Legislar y promover medidas de acción positiva que garanticen la igualdad real de oportunidades y de trato, y el pleno goce y ejercicio de los derechos reconocidos por esta Constitución y por los tratados internacionales vigentes sobre derechos humanos, en particular respecto de los niños, las mujeres, los ancianos y las personas con discapacidad. Dictar un régimen de seguridad social especial e integral en protección del niño en situación de desamparo, desde el embarazo hasta la finalización del período de enseñanza elemental, y de la madre durante el embarazo y el tiempo de lactancia"

Asimismo, se cuenta también con la protección legitimada por distintos tratados internacionales de derechos Humanos, en el mismo nivel jerárquico. En este sentido, El Protocolo Adicional a la Convención Americana sobre Derechos Humanos en materia de Derechos Económicos, Sociales y Culturales "Protocolo de San Salvador" establece en su artículo 3 que "[l]os Estados partes en el presente Protocolo se comprometen a garantizar el ejercicio de los derechos que en él se enuncian, sin discriminación alguna por motivos de raza, color, sexo, idioma, religión, opiniones políticas o de cualquier otra índole, origen nacional o social, posición económica, nacimiento o cualquier otra condición social".

El art. 6 del protocolo enuncia lo siguiente: "1. Toda persona tiene derecho al trabajo, el cual incluye la oportunidad de obtener los medios para llevar una vida digna y decorosa a través del desempeño de una actividad lícita libremente escogida o aceptada.

2. Los Estados partes se comprometen a adoptar las medidas que garanticen plena efectividad al derecho al trabajo, en especial las referidas al logro del pleno empleo, a la orientación vocacional y al desarrollo de proyectos de capacitación técnico-profesional, particularmente aquellos destinados a los minusválidos. Los Estados partes se comprometen también a ejecutar y a fortalecer programas que coadyuven a una adecuada atención familiar, encaminados a que la mujer pueda contar con una efectiva posibilidad de ejercer el derecho al trabajo". Y el art. 7 del mismo cuerpo legal, bajo su título Condiciones Justas, Equitativas y Satisfactorias de Trabajo, afirma que "[l]os Estados partes en el presente Protocolo reconocen que el derecho al trabajo al que se refiere el artículo anterior, supone que toda persona goce del mismo en condiciones justas, equitativas y satisfactorias".

V. Licencia por maternidad y paternidad.

Sumadas a las normas de jerarquía constitucional que protegen el derecho al trabajo, se cuenta también con un sólido andamiaje jurídico que protege a las mujeres contra todo trato discriminatorio, determinando un amplio abanico de posibilidades que deben ser contempladas y superadas por los Estados.

En primer lugar, debe tomarse especialmente en cuenta la Convención sobre la Eliminación de todas las formas de Discriminación contra la Mujer, que en su artículo primero establece que "[a] los efectos de la presente Convención, la expresión «discriminación contra la mujer» denotará toda distinción, exclusión o restricción basada en el sexo que tenga por objeto o por resultado menoscabar o anular el reconocimiento, goce o ejercicio por la mujer, independientemente de su estado civil, sobre la base de la igualdad del hombre y la mujer, de los derechos humanos y las libertades fundamentales en las esferas política, económica, social, cultural y civil o en cualquier otra esfera".

En honor a la brevedad, y para que este trabajo no se torne en un digesto de aquellas normas protectoras de los derechos de las mujeres, resaltaremos solamente el artículo 5º de la citada Convención, que hace específica mención a la crianza y educación de los/as niños/as por parte de los dos progenitores, como así también al deber del Estado de revertir toda posición basada en prejuicios que instalen a las mujeres como guardadoras naturales de los/as más pequeños/as. Así, el mentado artículo consagra que "[l]os Estados Partes tomarán todas las medidas apropiadas para:

a) Modificar los patrones socioculturales de conducta de hombres y mujeres, con miras a alcanzar la eliminación de los prejuicios y las prácticas consuetudinarias y de cualquier otra índole que estén basados en la idea de la inferioridad o superioridad de cualquiera de los sexos o en funciones estereotipadas de hombres y mujeres;

b) Garantizar que la educación familiar incluya una comprensión adecuada de la maternidad como función social y el reconocimiento de la responsabilidad común de hombres y mujeres en cuanto a la educación y al desarrollo de sus hijos, en la inteligencia de que el interés de los hijos constituirá la consideración primordial en todos los casos.".

Retornando a la legislación nacional, nuestro derecho laboral cuanta con especial protección a las mujeres con respecto a la maternidad, lo cual se ve reflejado en el Art.177 de la Ley de Contrato de Trabajo que otorga a la mujer una licencia paga por noventa (90) días. Contrariamente, la licencia otorgada a los trabajadores por paternidad, establecida en el mismo cuerpo legal, es de 2 días . Si bien es cierto que algunos convenios colectivos han adoptado licencias por paternidad más largas, de ningún modo se asemejan a la otorgada a la mujer, a la vez que las garantías constitucionales deben estar garantizadas por ley y no dejarse a la suerte de las negociaciones colectivas de trabajo.

Así, nuestra legislación solo prevé en forma universal una licencia por maternidad, la cual no abarca casos de madres adoptivas y claramente no prevé los casos de paternidad.

Viéndola de esta manera, parecería ser otorgada más por fines médicos que por cualquier otro, cuando en realidad la licencia por nacimiento/adopción de hijos/as debe ser otorgada para poder darle a los progenitores el tiempo para establecer un vinculo con los/as niño/as y atender todas sus necesidades.

La naturalización de determinadas prácticas sociales, como una forma particular de ejercicio del poder, ha situado a la mujer en el rol de madre/pilar del hogar en el cual, se dice, es natural que se desenvuelva. Este llamativo fenómeno se caracteriza por tomar construcciones que tienen su origen en la vida en sociedad –hábitos, costumbres, modas- para presentarlas como un dato más –medible, verificable, generalizable- de la naturaleza humana; entendiendo a lo natural como lo esperable, lo propio, en definitiva lo que se enmarca dentro del concepto de mujer y de hombre, que como tal se asume ontológicamente estático e inmutable. Estas tipologías de comportamientos socialmente etiquetados para hombres y mujeres, de acuerdo al género, encuentra en el derecho, un medio por el cual circular en el esquema de relaciones de poder actual.

Es preciso señalar que el proceso comprendido por el período que abarca el embarazo y el alumbramiento difiere en contenido de los conceptos de maternidad y paternidad. Es claro que existe una constitución biológica que permite el embarazo a la mujer; sin embargo, todo el entramado de prácticas, conductas y comportamientos aledaños que configuran la maternidad y la paternidad son construcciones de origen social que se sustentan en la pauta cultural patriarcal que se funda con occidente. Todo este desarrollo indefectiblemente apunta contra el régimen vigente de licencias por maternidad y paternidad, el cual puede ser entendido como la síntesis legal de la naturalización de los roles sociales en base al género; pues otorga a la mujer cuarenta y cinco días corridos en el preparto –lo cual atiende a necesidades médicas- y otros cuarenta y cinco días corridos en el postparto – con la posibilidad de optar por una reducción no menor a treinta días en el preparto acumulando la diferencia en el postparto-. En tanto que el padre tendrá derecho sólo a dos días corridos por el nacimiento de su hija/o. Desde una lectura ligera se podría inferir que la exponencial diferencia entre los períodos de tiempo concedido para ambas licencias debe basarse en cuestiones relativas a la salud de la madre.

No es el hecho del alumbramiento lo que justifique la diferencia entre ambas licencias sino el rol social que implican la maternidad y paternidad. De la misma legislación se desprende que la finalidad de la licencia por paternidad recae en la necesidad de tiempo físico que el padre requiere para la realización de trámites y atención temprana de la madre. El imperativo legal es claro, el padre hace los tramites de inscripción –vinculación del hogar con el exterior- y la madre atiende al cuidado del recién nacido –vinculación interna con el hogar-. Se quiera admitir o no, estamos frente a una imposición legal que asegura la reproducción y circulación de un tipo establecido de género y familia ocultando el origen social de estos conceptos

La madre, más allá de las idealizaciones que puedan habitar en el acervo de experiencias del imaginario colectivo, será, entonces, la encargada de realizar las tareas de atención y cuidado especial que requiere el recién nacido, en tanto que el padre, de acuerdo con este modelo impuesto, una vez realizada la inscripción y rehabilitada la madre, debe volver al trabajo como fuente de ingresos. Aun más, sólo se admite la extensión del plazo de la licencia para el personal masculino a razón de un día cada trescientos kilómetros de distancia entre el lugar de trabajo y lugar del hecho de nacimiento, excepción que se inscribe en el supuesto de que el padre requerirá de una mayor cantidad de días para poder realizar las tramitaciones correspondientes.

No debe dejar de mencionarse que este estereotipo social genera un escenario discriminatorio en torno a la figura de los hombres: es la forma de vivir el inicio de su paternidad, entendida como el vinculo entre el padre con su hijo/a, el cual es reducido a la tramitación de la identidad y seguridad social del/ de la nacido/a.

En el mismo sentido si lo que se pretende es proteger la lactancia del/ de la recién nacido/a, de acuerdo a las recomendaciones de la OMS, la licencia por maternidad debería extenderse al menos por seis meses; por lo cual tampoco es un argumento valedero para sostener la desigualdad.

V.a. El acceso al trabajo.

Más allá de la reproducción de estereotipos de género, la consagración del derecho solamente a la maternidad en las licencias laborales acarrean, también, formas de discriminación hacia las mujeres. Así, si bien el acceso de las mujeres al empleo ha crecido de forma considerablemente notoria, esta protección legal, muchas veces, se torna contraria a los intereses que la llevaron al cuerpo normativo. Es que, en sendas ocasiones, al momento de elegir un/ nuevo/a empleado/a, se otorga prioridad a los hombres sobre las mujeres, a sabiendas que estas últimas tendrán 3 meses de ausencia justificada en caso de embarazo, mientras que los hombres no concurrirán al trabajo sólo dos días. En el caso de contar todos y todas con la misma licencia, esta situación no sería un obstáculo para las mujeres (especialmente para las mujeres jóvenes) a la hora de elegir un puesto laboral.

V.c. El derecho de los/as niños/as.

Sumado a la necesidad de modificar el rol social impuesto a la mujer y dar iguales beneficios laborales a los hombres, se encuentra el derecho de los/as niños/as y sus necesidades para un desarrollo que implique a sus dos progenitores, en la creencia de que el vínculo de los/as recién nacidos/as con su padre es tan importante como el vínculo con la madre. Así, la Convención sobre los Derechos del Niño incorporada nuestra constitución, establece en su art. 18 que "[l]os Estados Partes pondrán el máximo empeño en garantizar el reconocimiento del principio de que ambos padres tienen obligaciones comunes en lo que respecta a la crianza y el desarrollo del niño. Incumbirá a los padres o, en su caso, a los representantes legales la responsabilidad primordial de la crianza y el desarrollo del niño. Su preocupación fundamental será el interés superior del niño. A los efectos de garantizar y promover los derechos enunciados en la presente Convención, los Estados Partes prestarán la asistencia apropiada a los padres y a los representantes legales para el desempeño de sus funciones en lo que respecta a la crianza del niño y velarán por la creación de instituciones, instalaciones y servicios para el cuidado de los niños…"

Finalmente, cabe señalar que no existe en nuestra legislación, disposición que prevea la licencia por adopción de hijos/as. Así, se cristaliza una diferenciación arbitraria entre progenitores adoptantes y quienes tienen descendencia a través del parto. Esta diferenciación, que merece una rectificación por parte del Estado, tiene una particularidad especial en lo que respecta a la última modificación del Código Civil en lo referente al matrimonio: no contempla la situación de padres solteros y menos aún de los matrimonios entre personas del mismo sexo.

Consideraciones preliminares sobre esta cuestión:

El esquema vigente de licencias por paternidad/maternidad implica una adhesión, en diferentes grados, a un modelo de roles sociales predeterminados que obstaculiza la construcción de la identidad y el desarrollo personal. Tal institución deviene, hoy en día, anacrónica, tornándose imperiosa su modificación legal. Sin embargo, y hasta tanto ello suceda, los distintos organismos (especialmente aquellos estatales) tienen la posibilidad de situarse a la vanguardia y, garantizando los derechos reconocidos en los más altos niveles de nuestro ordenamiento jurídico, otorgar los mismos derechos a los hombres y mujeres que se ven alcanzados por los reglamentos internos de cada institución.

Así, intentando que nuestra convicción sea acompañada es que presentamos este apartado para reflexionar críticamente en la necesidad de ampliar las licencias por paternidad, en el ámbito de alcance del Poder Judicial, de forma tal que los/as recién nacidos/as puedan pasar los primeros momentos de su vida con sus dos progenitores, que los trabajadores puedan contar con los mismos derechos en la crianza de sus hijos/as, y que las mujeres no se vean estigmatizadas en su rol de crianza materna, así como también cercenado, indirectamente, su derecho al acceso al trabajo.

En este sentido, y más allá del régimen que se considere más idóneo, se propone aquí que se incluya en el Régimen de Licencias del reglamento vigente, una licencia equitativa y simultánea a todos los trabajadores, así como también una licencia de 90 días corridos a todos los progenitores que ejerzan su maternidad/ paternidad a través de la adopción.

XIII. ALGUNAS CONCLUSIONES

Cuando las instituciones democráticas generan el consenso y la aceptación de la ciudadanía, recuperan la legitimidad de las funciones para las cuales fueron ideadas. La eficaz respuesta hacia las problemáticas que se manifiestan en la sociedad revierte la deteriorada imagen que presenta el Poder Judicial. Esta tendencia fortalece la independencia del personal judicial que encuentra el respaldo de sus responsabilidades y decisiones, en mecanismos institucionales que funcionan y responden a problemáticas concretas de la ciudadanía. Esta incumbencia entre ciudadanos y el Estado habilita nuevos canales de diálogo y participación que permite desplegar políticas más estratégicas y sistemáticas.

Por ello, la capacitación de los magistrados, funcionarios y empleados del Poder Judicial y del Ministerio Público implica un compromiso del Estado tendiente a defender los Derechos de las personas y comprender los conflictos que afectan al conjunto de la sociedad. Este compromiso no se sostiene únicamente con leyes, reglamentos o estatutos; sino que implica un esfuerzo constante por actualizar la idoneidad de quienes son los responsables de intervenir y decidir en base a éstos marcos regulatorios en cada ocasión.

Si la democracia moderna no es más que el resultado de expresiones históricas por la justicia y la igualdad, en el período actual es el Estado el encargado de su justa administración y el garante del acceso a la información de los derechos y obligaciones a todos los ciudadanos. Precisamente el Preámbulo de nuestra Constitución enuncia como principio el de *afianzar la justicia*, para lo cual no se vislumbra recurso más preciado que el conocimiento humano, tanto en lo que se refiere a las ramas específicas del derecho sobre las cuales se ejerce, como sobre cuestiones prácticas de la judicatura; a la vez, se torna necesaria la profundización de aquellas ramas que, por su característica interdisciplinaria, atraviesan los preceptos de todas aquellas especialidades del derecho, como pueden serlo el derecho constitucional, la filosofía del derecho y esencialmente los derechos humanos.

En la actualidad, las sociedades se encuentran fuertemente interconectadas e interrelacionadas por infinitos vínculos políticos, económicos, culturales y legales, debemos reconocer que las competencias del Estado se encuentran en continua fluctuación y necesitan actualizarse permanentemente para responder con idoneidad y responsabilidad a la diversidad de estímulos y manifestaciones que se presentan a sus habitantes. En palabras del Presidente de la Corte Suprema de Justicia de la Nación se ha expresado que "*la capacitación dirigida a magistrados, funcionarios, y empleados debe incrementar el saber y habilidades requeridas en el ejercicio de las funciones jurisdiccionales*[5]". No debemos olvidar que los integrantes del Poder Judicial y del Ministerio Público son los recursos fundamentales sobre los cuales se sostiene una correcta administración de justicia, pilar fundamental para afianzar la justicia día a día.

---

[5] Lorenzetti, Ricardo Luis (2007) "Políticas de Estado para el Poder Judicial", citado en Repetto, Pablo (2007) en su ponencia en el XI Congreso Nacional e Internacional de Capacitación Judicial, Resistencia, del 27 al 29 de septiembre.

La eficiencia y el acercamiento real de la Justicia a los justiciables no solo traerán consigo una mayor confianza hacia el Poder Judicial, sino que la legitimidad que ello implica fortalecerá la independencia formal de la administración de justicia, pilar fundamental para la construcción de la democracia y del Estado de Derecho.

Bibliografía general sobre el tema:

Barcesat, Eduardo Derecho al derecho, Ed. Fin de siglo, Buenos Aires, 1996.

Gelli Maria Angélica, "Constitución de la Nación Argentina comentada y anotada, La Ley, Buenos Aires, septiembre 2008.

Gilmore David D., Hacerse hombre. Concepciones sobre la masculinidad, Paidós Básica, Barcelona, 2001.

Krotoschin, Ernesto "Tratado Practico de Derecho del Trabajo, Depalma, Buenos Aires, 1981.

Rodríguez Mancini, Jorge, Curso de Derecho del Trabajo y de la Seguridad Social, Ed. Astrea, Buenos Aires, agosto 2000.

Saba, Roberto, (des)igualdad estructural, en Jorge Amaya (ed.), Visiones de la Constitución, 1853-2004, UCES, 2004, p. 480.

Travieso, Juan Antonio, Los derechos humanos en la constitución de la República Argentina, Eudeba, Buenos Aires, 1996, p.

Bibliografía específica sobre enfoques críticos y lenguaje jurídico:

Balbier, E. et allí, "Michel Foucault. Filósofo", Gedisa, Barcelona, 1990.

Rorty, Richard, “Identidad moral y ciudadanía privada” en (1)

Macherey, Pierre, “Sobre una historia natural de las normas” y Pizzorno Alessandro, “Foucault y la concepción liberal del individuo”.

Ardrey, Robert, “The territorial imperative. A personal inquiry into the animal origins of property and nations”, Fontana, London/Glasgow, 1966.

Wallerstein, Immanuel, “The modern world system”, Academic Press, Nueva York, 1980.

Lewin, Kurt, “La teoría del campo en la ciencia social”, Paidós, Bs. As., 1978.

Bonello, María Susana y Servato Patricia, “El problema de la legitimidad en el estado democrático”, Cuadernos de la Universidad Nac. De Córdoba, Córdoba, 1988.

Wright, E.O., “Clase, crisis y estado”, Siglo XXI, Madrid, 1983; Offe, Claus, “Structural problems of the capitalist state. Class rule and the political system. On the selectiveness of the political institutions”, en “German political studies”, Vol. 1.

Lechner, Norbert, “Los patios interiores de la democracia”, F.C.E., Santiago, 1990.

Documentos relativos al capítulo sobre uso del lenguaje:

-Decreto 3040/1977, derogado por decreto 300/2006.

Articulo 11°: Formas usuales de cortesía:

c) Tratamiento Autoridades del Poder Judicial:

Presidente y Ministros de la Corte Suprema de Justicia y a los Tribunales Colegiados el de Vuestra Excelencia (V. E.), a los Jueces el de (V.S.) Vuestra Señoría.

-Decreto 300/06, acápite 2.2.5. Formas usuales de cortesía.

-Diario de la Convención Constituyente de la Constitución de la Ciudad Autónoma de Buenos Aires. Exposición de motivos del artículo 1. 27/9/1996. Convencionales: Zaffaroni, Lubertino, Arnedo Barreiro, Barbagelata, Bruno, Bullrich, Carro, Castells, Hurest, Jozami, Kelly, Puy, Riopedre y Perez Suarez.

MIX
Papier aus verantwortungsvollen Quellen
Paper from responsible sources
FSC® C105338

Printed by Books on Demand GmbH, Norderstedt / Germany